PANINIS et SANDWICHS GOURMANDS

CATALOGAGE AVANT PUBLICATION DE BIBLIOTHÈQUE ET ARCHIVES CANADA

Vedette principale au titre :
Paninis et sandwichs gourmands
Traduction de : The new panini book.
Comprend un index.
ISBN-13 : 978-2-89455-213-1
ISBN-10 : 2-89455-213-0
1. Panini. 2. Sandwichs. I. Allard, Isabelle.
TX818.N4814 2006   641.8'4   C2006-940216-7

Nous reconnaissons l'aide financière du gouvernement du Canada par l'entremise du Programme d'Aide au Développement de l'Industrie de l'Édition (PADIÉ) ainsi que celle de la SODEC pour nos activités d'édition.

Gouvernement du Québec – Programme de crédit d'impôt pour l'édition de livres – Gestion SODEC

Copyright © 2006 McRae Books Srl
Édition : Anne McRae et Marco Nardi
Coordination : Anne McRae
Conception graphique : Marco Nardi
Rédaction : Carla Bardi, Mollie Thomson, Sara Vignozzi, Rosalba Gioffrè,
Révision : Helen Farrell, Antony Shugaar
Photographie : Studio Lanza
Stylisme culinaire : Benedetto Rillo
Direction artistique : McRae Books, Arianna Cappellini
Graphisme : AdinaStefania Dragomir, Giampietro Bruno
Pré-presse : Fotolito Toscana, Florence

Les éditeurs souhaitent également remercier Ceramiche Bellini (Ginestra Fiorentina), Ceramiche Virginia (Ginestra Fiorentina), Ceramiche Bitossi (Montelupo), Ceramiche Bartolini (Montelupo), et Ceramiche Taccini (Montelupo) qui ont gracieusement prêté les accessoires nécessaires à la photographie.

© Pour l'édition en langue française Guy Saint-Jean Éditeur inc. 2006
Traduction : Isabelle Allard
Révision : Jeanne Lacroix
Infographie : Christiane Séguin

Dépôt légal – Bibliothèque et Archives nationales du Québec et Bibliothèque et Archives Canada, 2007
ISBN : 978-2-89455-213-1

DISTRIBUTION ET DIFFUSION
Amérique : Prologue
France : Volumen
Belgique : La Caravelle S.A.
Suisse : Transat S.A.

GUY SAINT-JEAN ÉDITEUR INC.,
3154, boul. Industriel, Laval (Québec) Canada. H7L 4P7. (450) 663-1777.
Courriel : saint-jean.editeur@qc.aira.com • Web : www.saint-jeanediteur.com

GUY SAINT-JEAN ÉDITEUR FRANCE,
48 rue des Ponts, 78290 Croissy-sur-Seine, France. 01.39.76.99.43.
Courriel : gsj.editeur@free.fr

Imprimé à Singapour

Carla Bardi

PANINIS et SANDWICHS GOURMANDS

Traduit de l'anglais par Isabelle Allard

Guy Saint-Jean
ÉDITEUR

Introduction

En italien, le mot *panino* signifie tout simplement petit pain ou sandwich. Bien que les paninis soient souvent grillés ou rôtis en Italie, il peut aussi s'agir d'un petit pain ou de deux tranches de pain frais renfermant une délicieuse garniture. Alors, qu'est-ce qui rend les paninis si exceptionnels ? Eh bien, probablement la même chose qui rend la cuisine italienne exceptionnelle : l'utilisation d'ingrédients de la plus grande fraîcheur et qualité, ainsi que l'art de combiner des saveurs simples qui se complètent à merveille.

Dans ce livre, nous avons choisi 43 garnitures classiques et contemporaines, associées aux types de pain les mettant le plus en valeur.

Les combinaisons classiques comprennent les figues et le salami, le jambon de Parme et le beurre, le pecorino, le miel et les noix, ainsi que les légumes grillés aux herbes et au pesto. Nous avons également été influencés par nos voisins méditerranéens, la Provence nous inspirant la création d'un pain bagnat sur ciabatta, et la Grèce nous suggérant une combinaison de feta et de yogourt sur baguette.

Le désir de découvrir de nouveaux mélanges de saveurs, la volonté de toujours rechercher le meilleur, sont une autre marque de la créativité italienne. Tout cela est lié à l'aspect le plus important de cette cuisine : la nourriture doit non seulement être agréable à préparer et à manger, mais elle doit également laisser place à l'ajout d'une touche personnelle, qui peut rendre sublime même le plus humble des paninis. Alors, n'hésitez pas à expérimenter avec ces recettes pour les modifier et les adapter à votre propre style et à vos goûts.

Bon divertimento et bon appetito !

Roquette, tomates et fromage de chèvre

Pour 2 personnes

Couper la focaccia en deux à l'horizontale. Frotter chaque tranche avec un peu d'ail. Étaler le fromage sur les deux moitiés de focaccia. Couvrir de roquette, de tomates et de basilic. Arroser d'un filet d'huile, saler et poivrer. Couvrir de l'autre tranche de focaccia en appuyant légèrement.

- 2 carrés d'environ 20 cm (8 po) de focaccia nature, grillés
- 1 gousse d'ail entière, pelée
- 125 g (1/4 de lb) de caprino (fromage de chèvre frais)
- 1 petite botte de roquette, lavée et séchée
- 12 tomates cerises, coupées en deux
- 8 à 10 feuilles de basilic frais, déchiquetées
- 30 ml (2 c. à soupe) d'huile d'olive extravierge
- Sel et poivre du moulin, au goût

Pain suggéré: focaccia
Autres possibilités: baguette, pain en tranches ou pita

ANALYSE NUTRITIONNELLE (par portion)	
Calories : 400	Protéines : 10 g
Glucides : 70	Vitamines : A, C
Gras : 13 g	Minéraux : Calcium, Fer

Figues et salami

Pour 2 personnes

Étaler la confiture sur deux tranches de pain, puis couvrir de tranches de salami et de figues. Couvrir des autres tranches de pain en appuyant légèrement.

- 4 tranches de pain pugliese (pain blanc italien salé, à texture ferme)
- 30 à 45 ml (2 à 3 c. à soupe) de confiture de figues
- 8 grosses tranches de salami
- 4 à 6 figues fraîches, tranchées

• • •

En Italie, le salami et les figues sont servis ensemble en amuse-gueule à compter du mois de juillet, aussitôt que les premières figues sont mûres et arrivent sur les marchés. Les figues vertes ajoutent une note colorée qui contraste avec le rouge et le blanc du salami, mais les figues noires sont tout aussi délicieuses. Pour une explosion de saveurs, griller le pain et frotter chaque tranche avec une gousse d'ail avant d'étaler la confiture.

Pain suggéré : pugliese
Autres possibilités : ciabatta, baguette ou pain en tranches

ANALYSE NUTRITIONNELLE (par portion)	
Calories : 650	Vitamines : A, B, C
Glucides : 85 g	Minéraux : Calcium,
Gras : 22 g	Potassium, Sodium,
Protéines : 30 g	Phosphore

Concombre et pâte d'olive

Pour 2 personnes

Étaler la pâte d'olives sur deux tranches de pain et couvrir de concombre. Assaisonner et couvrir des autres tranches en appuyant légèrement.

- 4 tranches de pain de blé entier (complet)
- 1 concombre de taille moyenne, tranché finement
- 60 ml (1/4 de tasse) de pâte d'olives noires
- Poivre du moulin, au goût

• • •

La saveur salée de la pâte d'olives est agréablement mise en valeur par la fraîcheur du concombre dans ce panini estival. On peut se procurer des bocaux de pâte d'olives dans les épiceries italiennes, ou encore la préparer soi-même en dénoyautant et en écrasant une douzaine de grosses olives noires bien charnues.

Pain suggéré : pain de blé entier (complet)
Autres possibilités : baguette, petits pains

ANALYSE NUTRITIONNELLE (par portion)	
Calories : 400	Protéines : 9 g
Glucides : 55 g	Vitamines : A, B, C, E
Gras : 20 g	Minéraux : Calcium, Fer, Phosphore

Poire et romano

Pour 2 personnes

Asperger la poire de jus de citron. Étaler ou verser le miel sur le fromage. Disposer le fromage sur deux tranches de pain, puis couvrir des tranches de poire. Parsemer de marjolaine, saler et poivrer. Couvrir avec les autres tranches de pain en appuyant légèrement.

• • •

Cette combinaison italienne classique convient parfaitement aux sandwichs. Il faut s'assurer de choisir une poire ferme, sucrée et juteuse, et ne pas oublier de l'asperger de jus de citron pour qu'elle ne brunisse pas. Si désiré, tartiner la tranche du dessous avec 15 ml (1 c. à soupe) de beurre ou l'asperger de 8 ml (1/2 c. à soupe) d'huile d'olive extravierge.

- 1 grosse poire, évidée et tranchée
- 15 à 30 ml (1 à 2 c. à soupe) de jus de citron frais
- 15 à 30 ml (1 à 2 c. à soupe) de miel
- 60 g (2 oz) de fromage pecorino romano, tranché
- 4 tranches épaisses de pain 5 céréales
- Quelques brins de marjolaine fraîche
- Sel et poivre du moulin, au goût

Pain suggéré : pain 5 céréales
Autres possibilités : pain de blé entier (complet), pain pugliese (blanc, ferme et salé)

ANALYSE NUTRITIONNELLE (par portion)	
Calories : 400	Protéines : 18 g
Glucides : 70	Vitamines : A, B, C
Gras : 10 g	Minéraux : Calcium, Fer, Phosphore

Crevettes et laitue

Pour 2 personnes

Trancher les pains à l'horizontale. Réchauffer le beurre dans une petite poêle à frire et faire sauter l'oignon vert pendant 2 à 3 minutes à feu vif. Ajouter les crevettes et faire sauter 2 à 3 minutes. Laisser refroidir. Garnir deux moitiés de pain de feuilles de laitue et de tranches d'avocat, puis y déposer des cuillerées de crevettes et d'oignon vert. Asperger de jus de citron et du jus de cuisson, saler et poivrer. Couvrir avec les autres moitiés de pain en appuyant légèrement.

- 2 petits pains de soja
- 30 ml (2 c. à soupe) de beurre
- 1 oignon vert, émincé
- 125 g (¼ de lb) de crevettes, décortiquées et déveinées
- 1 petit bouquet de feuilles de laitue, lavées et séchées
- ½ avocat pelé, dénoyauté et tranché
- 15 à 30 ml (1 à 2 c. à soupe) de jus de citron frais
- Sel et poivre du moulin, au goût

Pain suggéré : petit pain de soja
Autres possibilités : petit pain blanc, pain de blé entier (complet), focaccia ou ciabatta

ANALYSE NUTRITIONNELLE (par portion)

Calories : 550
Glucides : 23 g
Gras : 10 g
Protéines : 80 g

Vitamines : A, E
Minéraux : Calcium, Fer, Potassium, Phosphore

Tomates, œufs, fromage et câpres

Pour 2 personnes

Couper la baguette en deux sur la longueur. Couvrir de fromage, de feuilles de laitue, de tranches d'œufs et de tomates. Parsemer de câpres, saler et poivrer (attention : les câpres sont déjà salées). Couvrir de l'autre moitié de baguette en appuyant légèrement.

- 1 baguette
- 60 g (2 oz) de fromage fort, tranché fin
- 1 petit bouquet de feuilles de laitue, lavées et séchées
- 2 à 4 œufs durs, écalés et tranchés
- 2 ou 3 tomates tranchées
- 8 ml (1/2 c. à soupe) de câpres salées, rincées et séchées
- Sel et poivre du moulin, au goût

ANALYSE NUTRITIONNELLE (par portion)

Calories : 650	Vitamines : A, C
Glucides : 60 g	Minéraux : Calcium,
Gras : 27 g	Fer, Potassium,
Protéines : 15 g	Sodium

Pain suggéré : baguette
Autres possibilités : petit pain aux pommes de terre, ciabatta, pain d'Altamura ou pugliese (pains blancs italiens salés, à texture ferme)

Jambon de Parme et beurre

Pour 2 personnes

Couper le petit pain en deux. Beurrer une moitié et la garnir de jambon. Couvrir avec l'autre tranche en appuyant légèrement.

- 1 petit pain ferrarese (dense et croustillant)
- 30 ml (2 c. à soupe) de beurre doux
- 60 g (2 oz) de jambon de Parme, tranché

. . .

Le jambon de Parme est apprécié dans le monde entier. On peut le servir en entrée durant l'été, accompagné de quartiers de cantaloup. Le reste de l'année, il est délicieux entre deux tranches de pain, surtout s'il s'agit d'un pain à mie dense et à croûte épaisse.

Pain suggéré : petit pain ferrarese (dense et croustillant)
Autres possibilités : petit pain bolognese, pain pugliese (blanc, ferme et salé) ou pain toscan (dense, blanc et non salé)

ANALYSE NUTRITIONNELLE (par portion)

Calories : 900
Glucides : 115 g
Gras : 40 g
Protéines : 30 g

Vitamines : A, B, E
Minéraux : Calcium,
Potassium, Sodium.
Phosphore

22

Pecorino, poivron rouge, anchois et coriandre

Pour 2 personnes

Placer le poivron sous le gril à feu vif, en le tournant régulièrement pour le noircir de tous côtés (environ 20 minutes). Envelopper de papier d'aluminium et laisser reposer 10 minutes avant de développer. La peau noircie s'enlèvera alors facilement. Rincer et assécher. Étendre la pâte d'anchois sur une tranche de pain. Couvrir de poivron, d'ail, de pecorino et de coriandre. Assaisonner et couvrir de l'autre tranche de pain.

Pain suggéré :
pain aux olives
Autres possibilités :
pain de blé entier (complet),
pain noir, pain d'Altamura (blanc, ferme et salé)

- 1 gros poivron rouge
- 2 tranches épaisses de pain aux olives (grillé ou non)
- 1 gousse d'ail, finement hachée
- 60 g (2 oz) de jeune pecorino tranché
- 5 ml (1 c. à thé) de pâte d'anchois (ou au goût)
- 15 ml (1 c. à soupe) de coriandre hachée
- Sel et poivre du moulin, au goût

• • •

Le pecorino, qui est fabriqué à partir de lait de brebis, provient des régions du centre et du sud de l'Italie, ainsi que de la Sicile et de la Sardaigne. Pour ce panini, il est préférable de choisir un jeune fromage frais de Toscane et d'éviter les fromages vieillis au goût prononcé, qui dissimuleraient la saveur délicate du poivron grillé.

ANALYSE NUTRITIONNELLE (par portion)

Calories : 650	Vitamines : A, C
Glucides : 80 g	Minéraux : Calcium,
Gras : 20 g	Potassium,
Protéines : 30 g	Phosphore, Sodium

Bresaola, parmesan, courgette et kiwi

Pour 2 personnes

Trancher finement la courgette sur la longueur. Saler et poivrer. Couper la focaccia en deux à l'horizontale. Couvrir deux moitiés de focaccia de tranches de courgette. Ajouter des tranches de bresaola, parsemer de parmesan, puis ajouter les tranches de kiwi. Asperger d'huile et de jus de citron, saler et poivrer. Couvrir des autres moitiés de focaccia en appuyant légèrement.

- 1 grosse courgette
- 2 carrés d'environ 20 cm (8 po) de focaccia nature, grillés
- 100 g (3 1/2 oz) de bresaola (tranches fines de bœuf séché)
- 100 g (3 1/2 oz) de parmesan, râpé
- 1 kiwi, pelé et tranché
- 30 ml (2 c. à soupe) d'huile d'olive extravierge
- Jus de citron, fraîchement pressé
- Sel et poivre du moulin, au goût

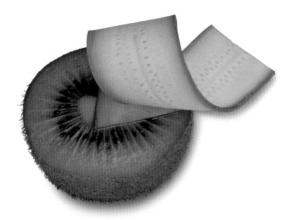

Pain suggéré : focaccia
Autres possibilités : baguette, pain sicilien (dense, blanc et parsemé de graines de sésame)

ANALYSE NUTRITIONNELLE (par portion)	
Calories : 650	Protéines : 26 g
Glucides : 60 g	Vitamines : A, C, E
Gras : 25 g	Minéraux : Calcium, Fer, Phosphore

Pancetta, ananas et piment rouge

Pour 2 personnes

Pendant que les pains grillent au four, réchauffer l'huile dans une poêle à frire sur feu moyen-élevé. Faire sauter le porc, la pancetta, l'ananas, le piment et l'ail jusqu'à ce qu'ils soient dorés. Tartiner la moitié des petits pains avec le mélange de mayonnaise et de moutarde, puis déposer des cuillerées de la préparation à la viande. Saler et poivrer. Couvrir des moitiés de pain qui restent.

- 2 petits pains blancs, légèrement grillés au four
- 15 ml (1 c. à soupe) d'huile d'olive extravierge
- 60 g (2 oz) de longe de porc, en dés
- 60 ml (¼ de tasse) de pancetta, en dés
- 60 ml (¼ de tasse) d'ananas frais, haché
- 1 piment rouge frais, émincé
- 1 gousse d'ail, finement hachée
- 30 ml (2 c. à soupe) de mayonnaise, additionnée de 5 ml (1 c. à thé) de moutarde préparée
- Sel et poivre du moulin, au goût

Pain suggéré: panini (petit pain blanc nature)
Autres possibilités: petit pain aux pommes de terre, ciabatta, pain à hamburger, pain aux fines herbes

ANALYSE NUTRITIONNELLE (par portion)

Calories : 500	Protéines : 25 g
Glucides : 40 g	Vitamines : A, C
Gras : 35 g	Minéraux : Calcium, Fer, Potassium

Omelette, fines herbes et laitue

Pour 1 personne

Préchauffer le four à 170 °C/375 °F/3 au four à gaz. Battre les jaunes d'œufs jusqu'à l'obtention d'une couleur jaune pâle. Incorporer le sel, le poivre et le lait ou la crème. Battre les blancs d'œufs séparément jusqu'à l'obtention de pics fermes. Incorporer aux jaunes d'œufs en même temps que les herbes. Réchauffer le beurre dans une petite poêle à frire pouvant aller au four. Faire cuire le mélange d'œufs sur feu moyen jusqu'à ce que le dessous soit pris. Mettre la poêle au four et continuer la cuisson jusqu'à ce que l'omelette soit gonflée et dorée. Rouler l'omelette, puis la couper en deux. Couvrir la moitié du pain de feuilles de laitue, puis ajouter l'omelette. Couvrir de l'autre moitié de pain.

- 1 petit pain 5 céréales
- 3 œufs, séparés
- Sel et poivre du moulin, au goût
- 60 ml (1/4 de tasse) de lait ou de crème
- 30 à 45 ml (2 à 3 c. à soupe) de fines herbes, hachées (ciboulette, persil, menthe, aneth, marjolaine, thym, etc.)
- 30 ml (2 c. à soupe) de beurre
- Feuilles de laitue

Pain suggéré : petit pain 5 céréales
Autres possibilités : baguette, pain en tranches ou pain sicilien (dense, blanc et parsemé de graines de sésame)

ANALYSE NUTRITIONNELLE (par portion)

Calories : 1000	Vitamines : A, C
Glucides : 85 g	Minéraux : Calcium,
Gras : 54 g	Fer, Potassium,
Protéines : 52 g	Sodium, Phosphore

Pecorino, miel et noix

Pour 1 personne

Couvrir une tranche de pain de fromage râpé. Ajouter les noix, puis napper de miel. Couvrir de l'autre tranche de pain en appuyant légèrement.

- 2 tranches de pain aux noix
- 60 g (2 oz) de pecorino vieilli, râpé
- 4 à 6 noix, rôties et broyées
- 15 à 30 ml (1 à 2 c. à soupe) de miel liquide

• • •

Le pecorino vieilli ressemble au parmesan, mais a un goût beaucoup plus prononcé. Sa saveur salée se marie à la perfection au miel sucré. Les miels d'acacia et de fleur d'oranger donnent d'excellents résultats.

Pain suggéré: pain aux noix
Autres possibilités: pain toscan (dense, blanc et non salé) ou pugliese (blanc, ferme et salé)

ANALYSE NUTRITIONNELLE (par portion)	
Calories: 950	Protéines: 35 g
Glucides: 150 g	Vitamines: A
Gras: 50 g	Minéraux: Calcium, Fer, Phosphore

Falafel, laitue et tomates

Pour 4 personnes

Mettre les pois chiches, l'oignon, l'ail, la pomme de terre et le persil dans un robot culinaire et hacher finement. Ajouter la coriandre, le cumin, l'origan et la farine, et bien mélanger. Saler et poivrer, puis laisser reposer pendant 2 heures. Incorporer la levure chimique au mélange et façonner en rondelles. Réchauffer l'huile dans une grande poêle à frire. Lorsque l'huile est très chaude, faire frire les rondelles par petites quantités à la fois pendant 5 à 7 minutes, ou jusqu'à ce qu'elles soient dorées. Bien égoutter et assécher sur du papier absorbant. Remplir chaque pita de falafel, de laitue, de tomates, de piment et d'oignon rouge.

Pain suggéré : pita

- 500 g (1 lb) de pois chiches, prétrempés
- 1 oignon moyen
- 3 gousses d'ail, pelées
- 1 pomme de terre moyenne, pelée
- 1 bouquet de persil
- 5 ml (1 c. à thé) de graines de coriandre, moulues
- 5 ml (1 c. à thé) de graines de cumin, moulues
- 5 ml (1 c. à thé) d'origan
- 30 g (2 c. à soupe) de farine
- Sel et poivre du moulin, au goût
- 10 ml (2 c. à thé) de levure chimique (poudre à lever)
- 500 ml (2 tasses) d'huile d'olive
- 4 à 6 pitas
- Laitue romaine, tomates tranchées, piment rouge et oignon rouge (pour servir)

ANALYSE NUTRITIONNELLE (par portion)

Calories : 550	Protéines : 32 g
Glucides : 95 g	Vitamines : A, C
Gras : 12 g	Minéraux : Calcium, Fer, Phosphore

Robiola et saumon fumé

Pour 2 personnes

Retirer la croûte des tranches de pain. À l'aide d'un rouleau à pâtisserie, les aplatir légèrement, en s'assurant de ne pas déchirer la mie. Mettre le robiola, le persil, le cresson, le jus de citron, le sel et le poivre dans un petit bol et battre avec une fourchette jusqu'à consistance légère et crémeuse. Étaler ce mélange sur chaque tranche de pain et garnir d'une tranche de saumon. Rouler soigneusement, envelopper de papier d'aluminium et réfrigérer pendant 2 heures. Retirer le papier d'aluminium et couper les rouleaux en 5 ou 6 rondelles.

- 2 tranches de pain de blé entier (complet)
- 90 g (3 oz) de fromage robiola frais
- 15 ml (1 c. à soupe) de persil, haché fin
- 15 ml (1 c. à soupe) de cresson, haché fin
- 5 ml (1 c. à thé) de jus de citron, fraîchement pressé
- Sel et poivre du moulin, au goût
- 2 tranches de saumon fumé

• • •

Le robiola est un fromage frais, léger et crémeux fabriqué dans le nord de l'Italie avec du lait de vache et du lait de chèvre ou de brebis. Il se marie à merveille aux herbes et au saumon. Si on n'en trouve pas, on peut le remplacer par du fromage à la crème additionné de 30 ml (2 c. à soupe) de crème fouettée.

Pain suggéré : pain de blé entier (complet) en tranches
Autre possibilité : pain blanc en tranches

ANALYSE NUTRITIONNELLE (par portion)

Calories : 500	Protéines : 22 g
Glucides : 22 g	Vitamines : A, B, C
Gras : 20 g	

Provolone fort et pomme verte

Pour 1 personne

Placer une couche de pomme sur une des tranches de pain. Si désiré, asperger la pomme de jus de citron pour l'empêcher de brunir. Couvrir de provolone, saler et poivrer (pas trop, car le fromage est déjà salé). Arroser d'huile d'olive. Couvrir de l'autre tranche de pain en appuyant légèrement.

- 2 grosses tranches de pain d'Altamura, grillées
- ½ pomme Granny Smith, non pelée, lavée et tranchée
- Jus de citron (facultatif)
- 60 g (2 oz) de provolone fort, tranché
- Sel et poivre du moulin, au goût
- 15 à 30 ml (1 à 2 c. à soupe) d'huile d'olive extravierge

• • •

Le provolone fort, vieilli pendant une période allant jusqu'à 12 mois, provient généralement du sud de l'Italie. Le provolone doux et moelleux vient du nord du pays. Un bon provolone fort a une saveur corsée qui offre un intéressant contraste avec le goût rafraîchissant de la pomme et le parfum de l'huile d'olive.

Pain suggéré : pain d'Altamura (blanc, ferme et salé)
Autres possibilités : pugliese (blanc, ferme et salé) ou toscan (blanc, dense et non salé)

ANALYSE NUTRITIONNELLE (par portion)

Calories : 700	Vitamines : A, C
Glucides : 95 g	Minéraux : Calcium,
Gras : 28 g	Fer, Sodium,
Protéines : 30 g	Phosphore

Saumon fumé, beurre et citron

Pour 1 personne

Couper les pains en deux et les tartiner de beurre. Garnir chaque moitié d'un morceau de saumon, arroser de jus de citron et poivrer. Couvrir des autres moitiés de pain. Piquer un bâtonnet à cocktail surmonté d'une olive au centre de chaque panini.

- 2 ou 3 petits pains briochés
- 15 à 30 ml (1 à 2 c. à soupe) de beurre, ramolli
- 1 tranche de saumon fumé, coupé en 2 ou 3 morceaux
- Jus de citron, fraîchement pressé
- Poivre du moulin, au goût
- 2 ou 3 petites olives noires, dénoyautées

Pain suggéré : petit pain brioché
Autre possibilité : petit pain nature, moelleux, de préférence légèrement sucré

ANALYSE NUTRITIONNELLE (par portion)

Calories : 580
Glucides : 58 g
Gras : 34 g

Protéines : 18 g
Vitamines : A, B, C, E
Minéraux : Calcium, Fer, Phosphore

Rosbif, tomates et oignon

Pour 1 personne

Placer l'oignon dans un petit bol, saler et poivrer, puis couvrir de vinaigre balsamique. Laisser mariner pendant au moins 1 heure. Couper la ciabatta en deux à l'horizontale. Garnir une moitié avec le rosbif, les tomates et le basilic. Égoutter l'oignon et le disposer sur le dessus. Arroser avec la marinade, puis couvrir de l'autre moitié de ciabatta en appuyant légèrement.

- 1 petit oignon rouge, émincé
- Sel et poivre du moulin, au goût
- 30 à 60 ml (2 à 4 c. à soupe) de vinaigre balsamique
- 1 ciabatta
- 60 g (2 oz) de rosbif, tranché
- 4 tomates cerises, tranchées
- 3 ou 4 feuilles de basilic, déchiquetées

Pain suggéré : ciabatta
Autres possibilités : baguette, pain en tranches ou pita

ANALYSE NUTRITIONNELLE (par portion)

Calories : 600
Glucides : 99 g
Gras : 17 g

Protéines : 19 g
Vitamines : A, B, C
Minéraux : Calcium, Fer, Phosphore

Crevettes grillées, guacamole et ananas

Pour 1 personne

Mettre les crevettes et l'ananas dans une poêle préchauffée et faire cuire 3 à 5 minutes à feu vif, en les tournant fréquemment, ou jusqu'à ce que les crevettes soient roses. Réchauffer la tortilla dans la même poêle. Étaler le guacamole sur la tortilla et garnir de crevettes, d'ananas et de coriandre. Saler et poivrer, puis rouler la tortilla bien serré.

- 6 à 8 grosses crevettes, décortiquées et déveinées
- 1 ou 2 tranches d'ananas (frais ou en conserve), broyées
- 1 grosse tortilla
- 60 à 90 ml (1/4 à 1/3 de tasse) de guacamole, préparé en écrasant la chair d'un avocat avec 5 ml (1 c. à thé) de jus de citron ou de lime, 1 gousse d'ail émincée, 1 petit oignon vert haché, 1 petite tomate hachée et 1 piment rouge haché
- 15 à 30 ml (1 à 2 c. à soupe) de coriandre, hachée fin
- Sel et poivre du moulin, au goût

Pain suggéré : tortilla
Autres possibilités : pita, galette

ANALYSE NUTRITIONNELLE (par portion)	
Calories : 1200	Protéines : 37 g
Glucides : 87 g	Vitamines : A, B, C
Gras : 94 g	Minéraux : Calcium, Fer, Sodium

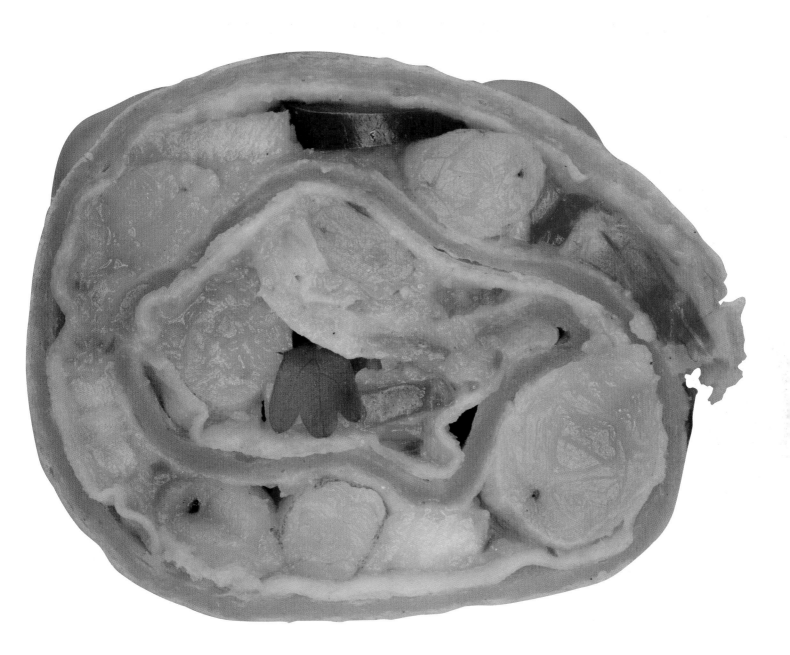

Poulet rôti, céleri et pistaches grillées

Pour 2 personnes

Disposer les tranches de pain sur une surface de travail. À l'aide d'un bol de 8 à 10 cm (3 à 4 po) de diamètre, tailler les tranches en rondelles. Faire griller, puis garnir deux rondelles de poulet, de céleri et de pistaches. Arroser d'huile d'olive, saler et poivrer. Couvrir des autres rondelles de pain en appuyant légèrement.

- 4 grosses tranches de pain de blé entier (complet)
- 125 g (¼ de lb) de poulet rôti, tranché
- 1 branche de céleri, émincée
- 30 ml (2 c. à soupe) de pistaches, écalées et grillées
- 15 ml (1 c. à soupe) d'huile d'olive extravierge
- Sel et poivre du moulin, au goût

Pain suggéré : pain de blé entier (complet)
Autres possibilités : pain blanc, pain 5 céréales ou autre pain multigrain

ANALYSE NUTRITIONNELLE (par portion)	
Calories : 450	Protéines : 20 g
Glucides : 40 g	Vitamines : A, B
Gras : 24 g	Minéraux : Calcium, Fer, Phosphore

Poulet rôti, pancetta, roquette et olives

Pour 1 personne

Préchauffer le four à 180°C/350°F/4 au four à gaz. Retirer les croûtes des tranches de pain. Tartiner les tranches de beurre et faire griller 5 minutes au four ou jusqu'à ce qu'elles soient dorées. Faire sauter la pancetta dans une petite poêle à frire (sans ajouter de gras) jusqu'à ce qu'elle soit croustillante. Couvrir une tranche de pain avec la moitié du poulet, de la pancetta, de la roquette, de la tomate, des olives et de la coriandre. Saupoudrer de paprika, saler et poivrer, puis napper avec la moitié de la mayonnaise. Couvrir d'une autre tranche de pain, puis la garnir de la même façon. Terminer avec la dernière tranche de pain en appuyant légèrement.

Pain suggéré: pain blanc en tranches
Autre possibilité: pain de blé entier (complet) en tranches

- 3 tranches de pain blanc
- 15 à 30 ml (1 à 2 c. à soupe) de beurre, ramolli
- 2 ou 3 tranches de pancetta (ou de bacon)
- 60 g (2 oz) de poulet rôti, tranché
- 8 à 10 feuilles de roquette, hachées grossièrement
- 1 tomate, émincée
- 4 à 6 olives noires, dénoyautées et hachées
- 15 ml (1 c. à soupe) de coriandre, hachée
- 1 pincée de paprika doux
- Sel et poivre du moulin, au goût
- 15 à 30 ml (1 à 2 c. à soupe) de mayonnaise

ANALYSE NUTRITIONNELLE (par portion)	
Calories: 1000	Vitamines: A, B, C
Glucides: 33 g	Minéraux: Calcium,
Gras: 95 g	Fer, Potassium,
Protéines: 21 g	Sodium

Crème d'avocat et de crabe

Pour 1 personne

Mettre l'avocat, le jus de citron et la coriandre dans un petit bol et écraser avec une fourchette. Ajouter assez de mayonnaise pour obtenir une consistance crémeuse. Couper le pain en deux sur la longueur. Couvrir la moitié du pain de crème d'avocat, puis ajouter le crabe. Garnir de piment et de feuilles de coriandre, saler et poivrer. Couvrir avec l'autre moitié de pain en appuyant légèrement.

- ½ avocat, dénoyauté
- 8 ml (½ c. à soupe) de jus de citron, fraîchement pressé
- 8 ml (½ c. à soupe) de coriandre, hachée fin (plus quelques feuilles pour garnir)
- 15 à 30 ml (1 à 2 c. à soupe) de mayonnaise
- 1 petit pain 5 céréales de forme allongée
- 60 g (2 oz) de crabe, cuit, haché
- Piment rouge, haché, au goût
- Sel et poivre du moulin, au goût

Pain suggéré : petit pain 5 céréales
Autres possibilités : baguette, pain en tranches, petit pain bolognese ou ferrarese (blancs, denses et croustillants)

ANALYSE NUTRITIONNELLE (par portion)	
Calories : 575	Vitamines : A, C
Glucides : 58 g	Minéraux : Calcium,
Gras : 29 g	Fer, Sodium,
Protéines : 22 g	Potassium

Figues grillées, pancetta et caprino

Pour 1 personne

Envelopper chaque moitié de figue d'une tranche de pancetta, puis presser pour les aplatir légèrement. Préchauffer une poêle et faire griller les figues enveloppées à feu vif pendant 6 à 8 minutes, jusqu'à ce que la pancetta soit croustillante et que les fruits soient bien chauds. Étaler le fromage sur une tranche de pain et garnir de roquette. Saler et poivrer. Ajouter les figues grillées, puis couvrir de l'autre tranche de pain en appuyant légèrement.

- 2 ou 3 figues fraîches, coupées en deux
- 4 à 6 tranches de pancetta ou de bacon
- 2 tranches de pain sicilien, grillées
- 60 g (2 oz) de caprino (fromage de chèvre frais et crémeux)
- 1 petite botte de roquette, hachée
- Sel et poivre du moulin, au goût

Pain suggéré: pain sicilien (dense, blanc et parsemé de graines de sésame)
Autres possibilités: baguette ou pugliese (blanc, ferme et salé)

ANALYSE NUTRITIONNELLE (par portion)

Calories: 500
Glucides: 73 g
Gras: 16 g

Protéines: 23 g
Vitamines: A, C
Minéraux: Calcium, Fer, Potassium

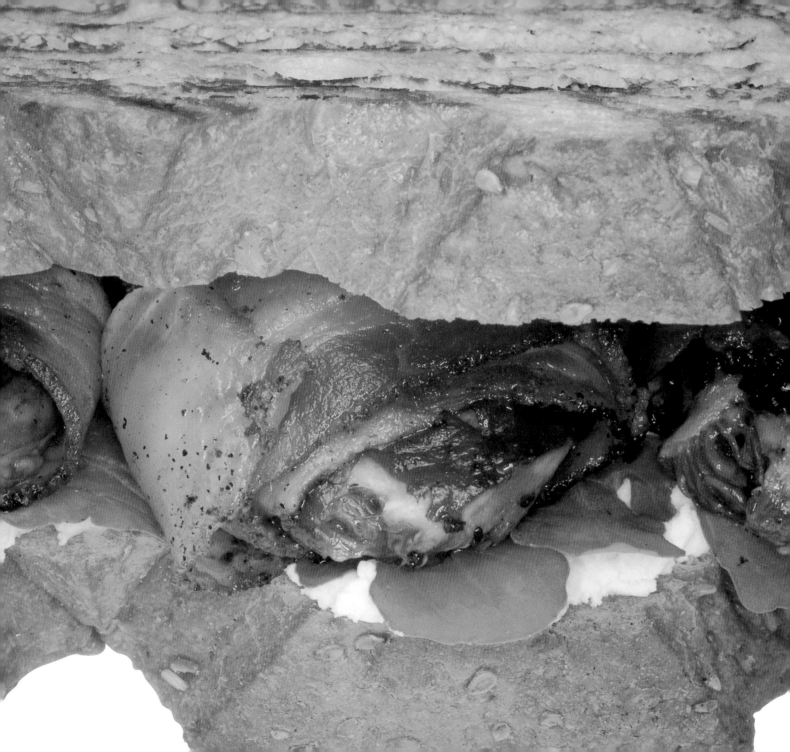

Fromage stracchino, poire et céleri

Pour 1 personne

Séparer la focaccia en deux à l'horizontale. Étaler le fromage sur les deux moitiés. Garnir une des moitiés de tranches de poire et de céleri. Assaisonner de poivre. Couvrir de l'autre moitié de focaccia en appuyant légèrement.

- 1 focaccia de blé entier (complète)
- 90 g (3 oz) de fromage stracchino
- ½ poire, émincée
- 1 petite branche de céleri avec ses feuilles, émincée
- Poivre du moulin, au goût

• • •

Le stracchino est un fromage frais et crémeux fabriqué à partir de lait de vache. Sa saveur délicate légèrement sucrée et sa texture moelleuse rappellent le crescenza. S'il est impossible de trouver l'un ou l'autre de ces fromages, utiliser du fromage de chèvre frais, au goût différent mais tout de même délicieux.

Pain suggéré: focaccia de blé entier (complète)
Autres possibilités: baguette, petits pains bolognese ou ferrarese (denses, blancs et croustillants)

ANALYSE NUTRITIONNELLE (par portion)	
Calories : 550	Vitamines : B, C
Glucides : 53 g	Minéraux : Calcium,
Gras : 27 g	Fer, Potassium,
Protéines : 26 g	Phosphore

Feta, poivron jaune, yogourt et menthe

Pour 2 personnes

Couper la baguette en deux à l'horizontale. Garnir une moitié de feta, tomate, concombre, poivron, oignon et olives. Mettre le yogourt, le vinaigre de vin blanc, l'ail, la menthe et le zeste de citron dans un petit bol et bien mélanger. Napper les autres ingrédients de cette préparation, saler et poivrer. Couvrir de l'autre moitié de baguette en appuyant légèrement.

- 1 baguette, grillée
- 60 g (2 oz) de feta, en dés
- 1 tomate, en dés
- ½ petit concombre, pelé et en dés
- ½ petit poivron jaune, en dés
- ½ petit oignon rouge, émincé
- 4 à 6 olives vertes, dénoyautées et hachées
- 60 à 90 ml (¼ à ⅓ de tasse) de yogourt grec
- 5 ml (1 c. à thé) de vinaigre de vin blanc
- 1 petite gousse d'ail, hachée fin
- 15 ml (1 c. à soupe) de menthe, hachée fin
- 5 ml (1 c. à thé) de zeste de citron, râpé
- Sel et poivre du moulin, au goût

Pain suggéré: baguette
Autres possibilités: focaccia, ciabatta, pita

ANALYSE NUTRITIONNELLE (par portion)

Calories: 450
Glucides: 65 g
Gras: 160 g

Protéines: 16 g
Vitamines: A, B, C
Minéraux: Calcium, Fer, Phosphore

Aubergine grillée, jambon de Parme et tomates séchées

Pour 1 personne

Mettre la tranche d'aubergine dans une poêle préchauffée et faire griller à feu vif des deux côtés, pendant 5 à 7 minutes. Couper le pain en deux et garnir une moitié avec la tranche d'aubergine et le fromage. Ajouter le jambon, puis les morceaux de tomate. Saler et poivrer. Couvrir de l'autre moitié de pain en appuyant légèrement.

- 1 tranche épaisse d'aubergine
- 1 petit pain 5 céréales d'environ 60 g (2 oz)
- 1 tranche épaisse de mozzarella
- 1 tranche de jambon de Parme
- 1 tomate séchée à l'huile d'olive, hachée
- Sel et poivre du moulin, au goût

. . .

Ce sandwich, qui contient plus de garniture que de pain, est idéal pour les personnes qui surveillent leur ligne. Si on manque de temps pour faire griller la tranche d'aubergine, prendre de l'aubergine en bocal ou en conserve, et bien égoutter.

Pain suggéré : petit pain 5 céréales
Autres possibilités : baguette, petit pain (aux herbes, par exemple)

ANALYSE NUTRITIONNELLE (par portion)

Calories : 320	Vitamines : A, B
Glucides : 30 g	Minéraux : Calcium,
Gras : 13 g	Fer, Potassium,
Protéines : 18 g	Sodium

Thon, mayonnaise, oignons marinés et câpres

Pour 1 personne

Mélanger la mayonnaise et les câpres dans un petit bol. Séparer la focaccia en deux et étaler la mayonnaise sur une des moitiés. Garnir de thon, d'oignons et de persil, puis saler et poivrer. Couvrir de l'autre moitié de focaccia en appuyant légèrement.

- 30 ml (2 c. à soupe) de mayonnaise
- 15 ml (1 c. à soupe) de câpres, hachées grossièrement
- 1 focaccia ronde aux graines de tournesol, au soja et à la farine de maïs
- 60 g (2 oz) de thon dans l'huile d'olive, égoutté
- 15 ml (1 c. à soupe) de petits oignons marinés
- 2 ou 3 brins de persil
- Sel et poivre du moulin, au goût

Pain suggéré : focaccia aux graines de tournesol
Autres possibilités : baguette, focaccia nature, aux noix ou aux olives

ANALYSE NUTRITIONNELLE (par portion)	
Calories : 750	Vitamines : A, B
Glucides : 83 g	Minéraux : Calcium,
Gras : 25 g	Fer, Potassium,
Protéines : 45 g	Sodium, Phosphore

Mortadelle, gruyère et tomate

Pour 1 personne

Préchauffer le four à 180°C/350°F/4 au four à gaz.
Étaler la mayonnaise sur une moitié de pain et
garnir de laitue. Ajouter la mortadelle, le gruyère,
les tomates et les radis. Saler et poivrer. Couvrir
de l'autre moitié de pain en appuyant légèrement.
Mettre le sandwich au four pendant 5 minutes, ou
jusqu'à ce que le fromage commence à fondre.

- 1 petit pain blanc
- 30 à 45 ml (2 à 3 c. à soupe) de mayonnaise
- Feuilles de laitue
- 60 g (2 oz) de mortadelle
- 60 g (2 oz) de gruyère
- 4 à 6 tomates cerises, coupées en deux ou tranchées
- 2 ou 3 gros radis, tranchés
- Sel et poivre du moulin, au goût

• • •

La mortadelle est un saucisson italien à saveur
délicate. Elle est fabriquée à base de porc et
de grains de poivre noir entiers qui aromatisent
la viande durant sa lente cuisson dans des fours
à vapeur.

Pain suggéré: petit pain blanc
Autres possibilités: focaccia, petits pains ferrarese ou
bolognese (denses, blancs et croustillants)

ANALYSE NUTRITIONNELLE (par portion)	
Calories: 850	Vitamines: A, B, C
Glucides: 70 g	Minéraux: Calcium,
Gras: 48 g	Fer, Sodium,
Protéines: 36 g	Phosphore

Maquereau, tomate, origan et basilic

Pour 1 personne

Réserver les 4 tranches centrales de la tomate et hacher les autres finement. Mettre la tomate hachée dans un bol avec la moitié du maquereau, l'origan, l'huile, du sel et du poivre. Bien mélanger. Séparer la focaccia en deux et étaler la préparation sur une des moitiés. Ajouter les tranches de tomate, le reste du maquereau et le basilic. Saler et poivrer. Couvrir de l'autre moitié de focaccia en appuyant légèrement.

- 1 focaccia ronde aux olives noires
- 1 grosse tomate mûre, émincée
- 60 g (2 oz) de maquereau en conserve à l'huile d'olive, bien égoutté
- 2,5 ml (½ c. à thé) d'origan frais, haché fin
- 15 ml (1 c. à soupe) d'huile d'olive extravierge
- 4 feuilles de basilic, déchiquetées
- Sel et poivre du moulin, au goût

Pain suggéré : focaccia aux olives noires
Autres possibilités : focaccia nature, baguette

ANALYSE NUTRITIONNELLE (par portion)

Calories : 700	Vitamines : A, B, C
Glucides : 87 g	Minéraux : Calcium,
Gras : 30 g	Fer, Sodium,
Protéines : 30 g	Potassium

Gruyère, moutarde et raisins secs

Pour 1 personne

Faire tremper les raisins secs dans de l'eau chaude pendant 30 minutes. Égoutter, en pressant pour retirer toute l'eau. Couper le pain en deux et tartiner l'une des moitiés avec la moitié de la moutarde. Garnir de fromage, puis tartiner ce dernier avec le reste de la moutarde. Parsemer de raisins et couvrir de l'autre moitié de pain en appuyant légèrement.

- 15 ml (1 c. à soupe) de raisins de Smyrne
- 1 petit pain rond aux noix d'environ 90 g (3 oz)
- 15 ml (1 c. à soupe) de moutarde préparée (pas trop épicée)
- 45 g (1 1/2 oz) de gruyère, en tranches fines

• • •

On peut remplacer le gruyère par un autre type de fromage à goût prononcé (gouda, emmenthal, cheddar, fontina). Utiliser de la moutarde de Dijon sucrée ou une autre moutarde plus épicée, au goût.

Pain suggéré : petit pain aux noix
Autres possibilités : baguette, pugliese (blanc, ferme et salé)

ANALYSE NUTRITIONNELLE (par portion)	
Calories : 600	Protéines : 24 g
Glucides : 85 g	Vitamines : A
Gras : 19 g	Minéraux : Calcium, Fer, Phosphore

Stracchino, saucisson épicé et roquette

Pour 1 personne

Réchauffer la piadina dans une poêle ou la faire griller au four, puis la tartiner de stracchino. Ajouter le salami et la roquette. Arroser d'huile d'olive, saler et poivrer. Rouler la piadina et servir chaude.

- 1 piadina (pain plat)
- 60 g (2 oz) de fromage stracchino
- 30 g (1 oz) de salami épicé, en tranches fines
- 1 petite botte de roquette, lavée et séchée
- 15 ml (1 c. à soupe) d'huile d'olive extravierge
- Sel et poivre du moulin, au goût

• • •

La piadina est une galette sans levain originaire du centre de l'Italie. Faite à partir d'un simple mélange de farine, de lard, de sel et d'eau, elle est meilleure servie chaude. De nos jours, certains boulangers ajoutent du bicarbonate de soude à la pâte, ce qui donne un pain un peu plus léger.

Pain suggéré : piadina
Autres possibilités : pita, tortilla

ANALYSE NUTRITIONNELLE (par portion)	
Calories : 750	Vitamines : A, B, C
Glucides : 88 g	Minéraux : Calcium,
Gras : 33 g	Fer, Potassium,
Protéines : 30 g	Sodium, Phosphore

Crescenza, graines de cumin, raisins secs et piment rouge

Pour 2 personnes

Couper les petits pains en deux et étaler le fromage sur deux moitiés. Garnir de raisins secs, de persil, de piment et de cumin. Si désiré, saler et arroser d'huile d'olive. Couvrir avec les autres moitiés de pain en appuyant légèrement.

Pain suggéré : petit pain blanc léger
Autres possibilités : baguette, pain de seigle

- 2 rosettes ou michettes
- 90 g (3 oz) de fromage crescenza
- 15 ml (1 c. à soupe) de raisins de Smyrne
- 15 ml (1 c. à soupe) de persil, haché fin
- 1 piment rouge, émincé
- 2,5 ml (½ c. à thé) de graines de cumin
- 15 ml (1 c. à soupe) d'huile d'olive extravierge (facultatif)
- Sel, au goût

• • •

La rosette florentine et la michette milanaise sont des petits pains en forme de fleur. Cuites à température élevée, elles sont presque vides au centre, ce qui laisse un espace idéal pour diverses garnitures de paninis. Le fromage crescenza a une apparence et une saveur similaires à celles du stracchino. On peut le remplacer par un autre fromage frais, moelleux et légèrement sucré. Les graines de cumin et le fromage forment une combinaison délectable, comme le savent si bien les Alsaciens, qui servent souvent un petit bol de graines de cumin avec le plateau de fromages.

ANALYSE NUTRITIONNELLE (par portion)	
Calories : 350	Protéines : 15 g
Glucides : 54 g	Vitamines : A, C
Gras : 12 g	Minéraux : Calcium, Fer, Phosphore

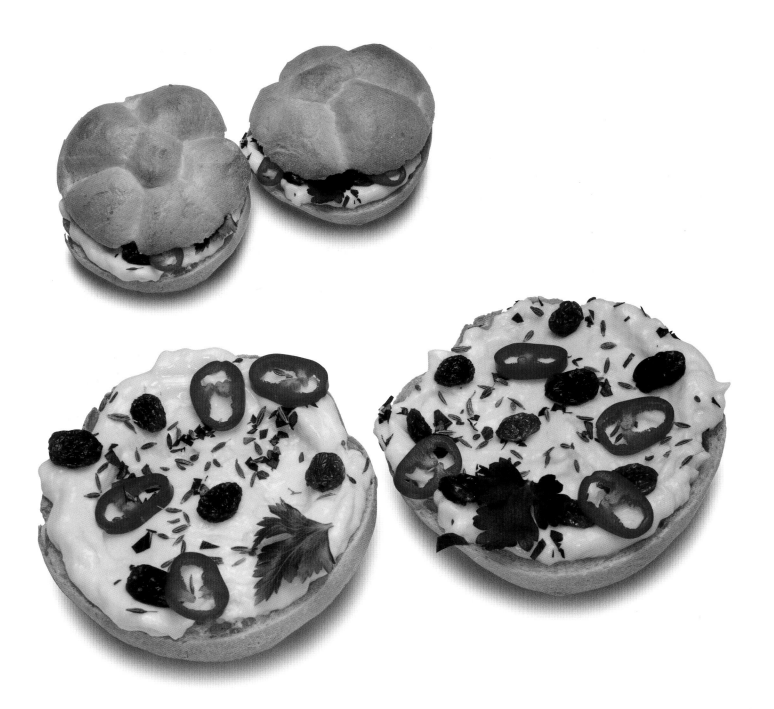

Saucisse italienne, oignon et ketchup

Pour 1 personne

Réchauffer l'huile dans une petite poêle à frire et faire dorer l'oignon 5 minutes, ou jusqu'à ce qu'il soit tendre. Couper les saucisses en deux et les faire griller dans une poêle préchauffée à feu vif jusqu'à ce qu'elles soient cuites et dorées. Couper le pain en deux et garnir une moitié avec la moitié de l'oignon. Ajouter la saucisse, puis le reste de l'oignon. Arroser de ketchup et couvrir avec l'autre moitié de pain en appuyant légèrement.

- 15 ml (1 c. à soupe) d'huile d'olive extravierge
- 1 gros oignon blanc, émincé
- 125 g (¼ de lb) de saucisse italienne
- 1 petit pain blanc ou de blé entier (complet) de forme allongée
- 15 à 30 ml (1 à 2 c. à soupe) de ketchup

• • •

Dans cette version italienne du hot-dog, le goût savoureux des saucisses se marie à merveille avec l'oignon et le ketchup. Pour plus de saveur, faire cuire les saucisses sur un barbecue ou un feu de bois pendant la période estivale.

Pain suggéré : petit pain blanc ou de blé entier (complet) de forme allongée
Autres possibilités : baguette, pain à hamburger, pain toscan (dense, blanc et non salé), pugliese (blanc, ferme et salé)

ANALYSE NUTRITIONNELLE (par portion)	
Calories : 800	Protéines : 37 g
Glucides : 77 g	Vitamines : A, B, C
Gras : 42 g	Minéraux : Calcium, Fer, Phosphore

Légumes rôtis, herbes et pesto

Pour 1 personne

Mettre le poivron, l'aubergine et la courgette dans un poêlon préchauffé, parsemer de persil et saler légèrement, puis faire dorer à feu moyen-élevé jusqu'à ce que les légumes soient tendres. Mettre le basilic, l'huile, les pignons, le parmesan et l'ail dans un robot culinaire ou un mélangeur, et hacher jusqu'à consistance lisse. Saler et poivrer. Couper la ciabatta en deux et tartiner une moitié avec le pesto. Garnir de légumes et de menthe, puis napper avec le reste du pesto. Couvrir avec l'autre moitié de ciabatta en appuyant légèrement.

Pain suggéré: ciabatta
Autres possibilités: baguette, pugliese (blanc, ferme et salé)

- 1 ciabatta d'environ 8 X 20 cm (3 X 8 po)
- 1 poivron jaune, tranché
- 1 petite aubergine, tranchée
- 1 courgette, tranchée sur la longueur
- 15 ml (1 c. à soupe) de persil, haché fin
- 1 bouquet de basilic frais d'environ 30 g (1 oz)
- 60 ml (¼ de tasse) d'huile d'olive extravierge
- 30 ml (2 c. à soupe) de pignons
- 30 ml (2 c. à soupe) de parmesan, fraîchement râpé
- 2 gousses d'ail
- Sel et poivre du moulin, au goût
- 15 ml (1 c. à soupe) de menthe, hachée fin

ANALYSE NUTRITIONNELLE (par portion)

Calories: 900	Protéines: 24 g
Glucides: 96 g	Vitamines: A, B, C, E
Gras: 49 g	Minéraux: Calcium, Fer

Tomate, salami et olives

Pour 1 personne

Séparer la focaccia en deux à l'horizontale et faire griller chaque moitié. Couvrir une moitié de tranches de tomate et de salami. Ajouter l'ail, les olives et l'origan. Arroser d'huile, saupoudrer de poivre de Cayenne ou de flocons de piment rouge, saler et poivrer. Couvrir de l'autre moitié de focaccia en appuyant légèrement.

- 1 carré d'environ 20 cm (8 po) de focaccia nature
- 1 grosse tomate mûre, tranchée
- 45 g (1 1/2 oz) de salami épicé, en tranches fines
- 1 gousse d'ail, émincée
- 2 à 4 grosses olives noires, dénoyautées et hachées
- 15 ml (1 c. à soupe) d'origan frais, haché fin
- 15 ml (1 c. à soupe) d'huile d'olive extravierge
- Poivre de Cayenne ou flocons de piment rouge, au goût
- Sel et poivre du moulin, au goût

• • •

On crache du feu après avoir mangé ce panini à saveur intense ! En Italie, les meilleurs salamis épicés se trouvent dans le sud ainsi que dans la région napolitaine. Comme ils sont souvent très épicés, on peut adoucir le goût en omettant le poivre de Cayenne ou les flocons de piment rouge.

ANALYSE NUTRITIONNELLE (par portion)	
Calories : 1000	Vitamines : A, B, C, E
Glucides : 126 g	Minéraux : Calcium,
Gras : 43 g	Fer, Sodium,
Protéines : 28 g	Potassium

Pain suggéré : focaccia
Autres possibilités : pain en tranches, pugliese (blanc, ferme et salé)

Mascarpone, oignon et olives

Pour 1 personne

Préchauffer le four à 180°C/350°F/4 au four à gaz. Faire griller le petit pain au four pendant 5 minutes, ou jusqu'à ce qu'il soit doré. Mettre l'oignon et le vin dans une petite casserole et faire mijoter à feu moyen-doux pendant 10 minutes. Égoutter et réserver. Couper le pain en deux et étaler le mascarpone sur une moitié. Garnir d'oignon, d'olives et de brins de marjolaine. Arroser d'huile, saler et poivrer. Couvrir de l'autre moitié de pain en appuyant légèrement.

• • •

Le mascarpone est un fromage riche et crémeux fabriqué avec du lait de vache. Il entre dans la composition de nombreux desserts, dont le classique tiramisu, mais convient très bien à des plats salés. S'il n'est pas disponible, on peut le remplacer par du fromage à la crème.

- 1 petit pain de blé entier (complet) de forme allongée
- 1 petit oignon, émincé
- 60 ml (1/4 de tasse) de vin blanc
- 30 à 45 ml (2 à 3 c. à soupe) de mascarpone
- 2 à 4 olives noires, dénoyautées et hachées
- 2 ou 3 brins de marjolaine fraîche
- 15 ml (1 c. à soupe) d'huile d'olive extravierge
- Sel et poivre du moulin, au goût

Pain suggéré : petit pain de blé entier (complet)
Autres possibilités : focaccia, petit pain blanc aux noix, aux olives, aux herbes ou nature

---

ANALYSE NUTRITIONNELLE (par portion)

Calories : 650	Protéines : 10 g
Glucides : 30 g	Vitamines : A, B, C, E
Gras : 63 g	Minéraux : Calcium, Fer

Houmous, tomate, carotte et raisins secs

Pour 1 personne

Tartiner légèrement le pain de beurre. Étaler le houmous sur une tranche de pain de blé entier. Couvrir d'une tranche de pain blanc, puis garnir de roquette et de tomates. Arroser d'huile d'olive, saler et poivrer. Couvrir d'une tranche de pain de blé entier, surmontée de la carotte râpée. Parsemer de graines de cumin et de raisins secs, puis arroser de jus de citron. Couvrir de la dernière tranche de pain en appuyant légèrement.

- 2 tranches de pain blanc, grillées
- 2 tranches de pain de blé entier (complet), grillées
- 15 ml (1 c. à soupe) de beurre
- 30 ml (2 c. à soupe) de houmous
- 1 petite botte de roquette, hachée grossièrement
- 2 ou 3 tomates cerises, émincées
- 15 ml (1 c. à soupe) d'huile d'olive extravierge
- Sel et poivre du moulin, au goût
- 1 carotte moyenne, râpée
- 2,5 ml (1/2 c. à thé) de graines de cumin
- 8 ml (1/2 c. à soupe) de raisins secs
- 15 ml (1 c. à soupe) de jus de citron, fraîchement pressé

Pain suggéré : pain en tranches
Autre possibilité : pugliese (blanc, ferme et salé)

ANALYSE NUTRITIONNELLE (par portion)	
Calories : 650	Protéines : 15 g
Glucides : 65 g	Vitamines : A, B, C, E
Gras : 30 g	Minéraux : Calcium, Fer

Parmesan, roquette et tomates

Pour 1 personne

Couper la baguette en deux sur la longueur. Frotter la mie avec l'ail et arroser avec la moitié de l'huile d'olive. Garnir une des moitiés de baguette avec la roquette, le parmesan et les tomates. Arroser avec le reste de l'huile et saler. Couvrir de l'autre moitié de baguette en appuyant légèrement.

- 1 morceau de baguette d'environ 20 cm (8 po)
- ½ gousse d'ail, pelée
- 8 à 10 feuilles de roquette
- 30 g (1 oz) de parmesan, râpé
- 6 tomates cerises, en quartiers
- 15 ml (1 c. à soupe) d'huile d'olive extravierge
- Sel, au goût

• • •

Ce panini est la version italienne du *pan con tomate* (pain aux tomates) espagnol. Ce savoureux sandwich constitue un repas du midi rapide, léger et nutritif.

Pain suggéré : baguette
Autres possibilités : pain en tranches, pugliese (blanc, ferme et salé)

ANALYSE NUTRITIONNELLE (par portion)	
Calories : 500	Vitamines : A, C, E
Glucides : 61 g	Minéraux : Calcium,
Gras : 12 g	Fer, Potassium,
Protéines : 19 g	Sodium

Poulet en salade et mayonnaise

Pour 1 personne

Retirer la peau et le gras du poulet, et séparer en petits morceaux. Mettre dans un bol avec le céleri, la tomate, le persil, les olives, la mayonnaise, le sel et le poivre. Bien mélanger. Couper le pain en deux et étaler la salade sur une moitié. Couvrir de l'autre moitié en appuyant légèrement.

- 1 petit pain de blé entier (complet)
- 90 g (3 oz) de poulet rôti
- 1 branche de céleri, émincée
- 1 tomate moyenne, tranchée
- 15 ml (1 c. à soupe) de persil, haché fin
- 3 olives noires, dénoyautées et hachées
- 30 ml (2 c. à soupe) de mayonnaise
- Sel et poivre du moulin, au goût

Pain suggéré : petit pain de blé entier (complet)
Autres possibilités : petit pain blanc, baguette, focaccia

ANALYSE NUTRITIONNELLE (par portion)

Calories : 650	Protéines : 33 g
Glucides : 52 g	Vitamines : A, B, C
Gras : 33 g	Minéraux : Calcium, Fer, Potassium

Emmenthal et pancetta

Pour 1 personne

Préchauffer le gril. Faire griller le pain légèrement, puis frotter chaque tranche avec la gousse d'ail. Couvrir une tranche de pain de fromage et de pancetta. Assaisonner de poivre si désiré. Mettre sous le gril jusqu'à ce que le fromage commence à fondre et que la pancetta soit légèrement croustillante. Couvrir de l'autre tranche de pain en appuyant légèrement.

- 2 tranches de pain de seigle à mie dense
- 1 gousse d'ail entière, pelée
- 60 g (2 oz) de grandes tranches minces d'emmenthal
- 30 g (1 oz) de pancetta
- Poivre noir du moulin (facultatif)

• • •

On peut utiliser n'importe quel type de pain paysan à texture dense pour ce sandwich nourrissant. Le seigle est un bon choix, tout comme les pains paysans multigrains allemands. Servir chaud, dès la sortie du gril, avant que le fromage ne refroidisse et ne prenne une consistance caoutchouteuse.

Pain suggéré : pane di segale (pain de seigle)
Autre possibilité : pain paysan multigrain

ANALYSE NUTRITIONNELLE (par portion)	
Calories : 550	Protéines : 31 g
Glucides : 48 g	Vitamines : A
Gras : 28 g	Minéraux : Calcium, Fer, Phosphore

Légumes grillés et crescenza

Pour 1 personne

Laver le poivron rouge, la courgette et l'aubergine, et les émincer. Préchauffer un poêlon et faire griller les légumes à feu vif jusqu'à ce qu'ils soient tendres. Arroser d'huile pendant la cuisson. Réchauffer ou faire griller la piadina, puis la tartiner de fromage. Garnir de légumes grillés, saler et poivrer. Plier la piadina en deux sur la garniture et servir aussitôt.

- 1 piadina (pain plat)
- 1 petit poivron rouge
- 1 courgette
- ½ petite aubergine
- 15 ml (1 c. à soupe) d'huile d'olive extravierge
- 60 g (2 oz) de fromage crescenza
- Sel et poivre du moulin, au goût

Pain suggéré: piadina
Autres possibilités: tortilla ou pita

ANALYSE NUTRITIONNELLE (par portion)

Calories: 252
Glucides: 98 g
Gras: 10 g
Protéines: 14 g

Vitamines: A, C
Minéraux: Calcium,
Fer, Sodium,
Phosphore

Crevettes, germes de haricots et fromage à la crème

Pour 1 personne

Mettre les crevettes, l'oignon et la sauce soja dans une petite poêle à frire, saler et poivrer, puis faire sauter sur feu moyen-élevé 3 à 4 minutes, jusqu'à ce que l'oignon soit tendre et les crevettes cuites. Couper le pain en deux et étaler le fromage sur une moitié. Garnir de crevettes et d'oignon, puis ajouter les germes de haricots. Couvrir de l'autre moitié de pain en appuyant légèrement.

- 60 g (2 oz) de crevettes, décortiquées et déveinées
- ½ oignon, coupé en rondelles
- 15 ml (1 c. à soupe) de sauce soja
- 1 petit pain de soja de forme allongée
- 45 ml (3 c. à soupe) de fromage à la crème
- 30 ml (2 c. à soupe) de germes de haricots
- Sel et poivre du moulin, au goût

Pain suggéré : petit pain de soja
Autres possibilités : baguette, pain à hamburger

ANALYSE NUTRITIONNELLE (par portion)

Calories : 825
Glucides : 47 g
Gras : 58 g
Protéines : 30 g

Vitamines : A, B, C
Minéraux : Calcium, Fer, Potassium, Sodium

Dinde rôtie, poivron rouge et noisettes

Pour 1 personne

Faire griller le pain, de préférence dans un poêlon. Passer le poivron sous le gril en suivant les indications de la page 24. Si on n'a pas le temps de faire rôtir le poivron, utiliser des poivrons rôtis en bocal ou en conserve. Mélanger la mayonnaise et la moutarde dans un petit bol. Étaler ce mélange sur une tranche de pain. Garnir de dinde et de poivron, parsemer de noisettes, saler et poivrer. Couvrir de l'autre tranche de pain en appuyant légèrement.

- 2 tranches de pain
- ½ petit poivron rouge
- 15 à 30 ml (1 à 2 c. à soupe) de mayonnaise
- 5 ml (1 c. à thé) de moutarde
- 60 g (2 oz) de dinde rôtie, en tranches fines
- 30 ml (2 c. à soupe) de noisettes, grillées, hachées grossièrement
- Sel et poivre du moulin, au goût

Pain suggéré : pain en tranches
Autres possibilités : baguette, pugliese (blanc, ferme et salé)

ANALYSE NUTRITIONNELLE (par portion)	
Calories : 450	Protéines : 21 g
Glucides : 26 g	Vitamines : A, B, C
Gras : 30 g	Minéraux : Calcium, Fer, Phosphore

Tomate, œuf, thon et olives

Pour 1 personne

Couper la ciabatta en deux et retirer un peu de mie. Arroser avec la moitié de l'huile et du vinaigre, et garnir de tomate, d'œuf, de thon, de poivron, d'oignon, d'olives et de basilic. Saler et poivrer. Arroser du reste de l'huile et du vinaigre. Couvrir de l'autre moitié de ciabatta en appuyant légèrement.

• • •

Ce panini est un pain bagnat sur ciabatta. Il existe plusieurs versions de ce sandwich provençal typique dans les régions méditerranéennes. Sur la côte des Pouilles, au sud de l'Italie, on prépare ce panini en faisant cuire un petit pain rond, qu'on retire du four au milieu de la cuisson. On le coupe en deux, puis on le remet au four. Cela donne un pain qui absorbe très bien l'huile et le vinaigre tout en demeurant délicieusement croustillant.

- 1 ciabatta d'environ 90 g (3 oz)
- 30 ml (2 c. à soupe) d'huile d'olive extravierge
- 15 ml (1 c. à soupe) de vinaigre de vin blanc
- 1 tomate moyenne, tranchée
- 1 œuf dur, tranché
- 30 g (1 oz) de thon à l'huile, égoutté et émietté
- 2 ou 3 lanières de poivron vert
- Quelques rondelles d'oignon rouge
- 4 à 6 petites olives noires (provençales, de préférence)
- 2 ou 3 feuilles de basilic, déchiquetées
- Sel et poivre du moulin, au goût

Pain suggéré: focaccia
Autres possibilités: baguette, pain en tranches ou pita

ANALYSE NUTRITIONNELLE (par portion)

Calories: 700
Glucides: 68 g
Gras: 34 g
Protéines: 29 g

Vitamines: A, B, C, E
Minéraux: Calcium, Fer, Potassium, Sodium, Phosphore

Index